ROTUNDAMENTE NEGRA
y otros poemas

SHIRLEY CAMPBELL BARR (Costa Rica)

Estudió teatro y creación literaria en el Conservatorio de Castella.
Es Antropóloga especializada en Feminismo Africano y Cooperación
Internacional. Trabaja activamente en programas culturales, sociales y
proyectos de desarrollo. Es profesora que imparte cursos, conferencias y
talleres a nivel de educación media y universitaria en diferentes países
de América Latina, además de ofrecer con cierta regularidad talleres de
escritura creativa.

Activista del movimiento afrodescendiente en América Latina, participa
periódicamente en conferencias, talleres y lecturas de poesía difundiendo
su trabajo, así como contribuyendo en los procesos de movilización y
concientización de las comunidades afrodescendientes.

Su trabajo ha sido difundido y reconocido a través de las organizaciones
afrodescendientes, de mujeres negras y organizaciones de mujeres en
América Latina y el Caribe.

Cuenta con cinco colecciones de poesía y decenas de poemas, entrevistas
y artículos publicados en revistas, antologías y periódicos en diversos
países. Algunos de sus trabajos han sido traducidos al inglés, al francés y
al portugués.

Su poema Rotundamente Negra, que le da nombre a esta colección, ha
sido objeto de diversos reconocimientos y estudios en América latina
y el Caribe y se ha constituido en emblema de muchas organizaciones
afrodescendientes y de mujeres en la región. Varios de sus poemas han
sido utilizados como objetos de investigación además de haber sido
incorporados en radionovelas populares, obras de teatro, presentaciones
infantiles, exposiciones fotográficas en países como Argentina, Colombia,
Bolivia y España, entre otros. Ha vivido en Zimbabwe, El Salvador,
Honduras, Jamaica, Brasil, Estados Unidos y Panamá y ha asistido
como profesora invitada a diferentes universidades en Estados Unidos,
Colombia, Jamaica, El Salvador y Brasil.

SHIRLEY CAMPBELL BARR

ROTUNDAMENTE NEGRA
y otros poemas

Campbell Barr, Shirley

Rotundamente negra y otros poemas / Shirley Campbell Barr. -1ª ed. – San José: Encino Ediciones, 2021.

74 p.; 21x14 cm.

ISBN 978-9930-581-15-5

1. Poesía. 2. Literatura costarricense. I. Título.

*A mis abuelas que no conocí
y en ellas,
a mí padre y a mí madre porque apenas me lo contaron...
A todas las mujeres que tocan mi vida y me enseñan tanto.
A mis hijos e hijas
porque me dan todas las razones para seguir en esta tarea.*

Declaración de principios

Vivo estigmatizada por esta piel bendita.
Porque Caín, sabré yo de bellos y hermosos males.
Ser negra aunque mal junten con las peores pestes
y lo asocien con la decadencia del planeta.
Es el mal más bello del cual yo me acuerde.

ESLIN MORRIS WRIGHT
Policromías a piel

DESCUBRIMIENTO

Descubrí en mi sangre
de pronto a una abuela
a una hembra
una larga hilera de madres cantando
y una tierra negra sembrada por ellas
y entonces crecí
y me hice grande como las estrellas
y me hice larga como los caminos
me entendí mujer
una mujer negra.

INSISTENCIA

Insisto en renegar de todo cuanto me incomoda
en querer seguir siendo
la parte más oscura e incómoda de este continente
en querer hablar la lengua
heredada de mis antepasados tan presentes
y en seguir danzando al pie de la letra
la canción de mis abuelas.
Insisto en tararear las notas de canciones
que ya ni recuerdo
en cantar las canciones
que casi fueron borradas de la memoria
el mismo día en que aprendí
las canciones de otras lenguas.
Insisto en tener la voz más gruesa
y sonora de todos en la América.
En vestirme de colores rimbombantes
y en colocar collares coloridos alrededor de mi cuello,
aretes musicales en mis orejas.

Insisto en llevar tambores a la iglesia
y en adorar Dioses y Diosas con nombres
impronunciables
En recrear ceremonias
e inventar rituales que me dignifiquen
en bautizar a mis hijos bajo las estrellas

y en los ríos y en religiones
y acentos que yo ni siquiera entiendo.
En colocarles nombres en lenguas extrañas
y educarlos para la irreverencia.
Insisto en ser la parte
más incómoda de este continente
en querer ser la porción más oscura
y altiva de esta tierra.
En vestirme de gala para las guerras
y de luces en los velorios.
En reírme a carcajadas a pesar de las penurias
y en cantar canciones de victoria a pesar de los reveses.

Porque aún soy
la piedra que incomoda en el zapato
y el número más notable entre las cifras.
Aún soy
la luz relegada a la parte postergada de la casa
pero que alumbra insistentemente
el jardín de enfrente
que grita con muchas voces
la palabra cierta,
y pelea con muchas manos
la guerra más humana
y aguarda irreverente
por su justo homenaje.

LA TIERRA PROMETIDA

Juro no detenerme
hasta encontrar
nuestra tierra prometida
debe estar en algún lugar
escondida
juro no mermar esfuerzo
ni caminos
ni batallas.
Juro entregarla en las manos
y en los ojos
y en los sueños
de los niños.

ROTUNDAMENTE NEGRA

Me niego rotundamente
a negar mi voz mi sangre y mi piel
y me niego rotundamente
a dejar de ser yo
a dejar de sentirme bien
cuando miro mi rostro en el espejo
con mi boca rotundamente grande
y mi nariz
rotundamente hermosa
y mis dientes
rotundamente blancos
y mi piel
valientemente negra
y me niego categóricamente a
dejar de hablar mi lengua, mi acento y mi historia
y me niego absolutamente
a ser de los que se callan
de los que temen de los que lloran
porque me acepto
rotundamente libre
rotundamente negra
rotundamente hermosa.

LIBERADA

Yo ya no busco razones para mi piel
no busco más excusas ni explicaciones
para la redondez de mis nalgas
o la natural cadencia en mi andar.
No justifico ya mi natural agrado por los tambores
o la necesidad de mi cuerpo
de danzar al ritmo que le toquen.

Hace ya tiempo
que deje de explicar antepasados
que justifiquen mis labios,
o mi extraordinaria nariz
o la hermosura incólume
que me acompaña
desde tiempos inmemoriales.

No justifico más
mis sincretismos
mis pasiones o mi sensualidad
ya no otorgo razones para mi ser.

Me convertí en mí misma
me aprendí
soy yo.

Tengo certeza de mí misma
y de los míos
no necesito autorizaciones para ser.
No pido ya permisos
para vivir.

Hoy disfruto con sobrada elegancia
mi negrura
la llevo con honor,
con garbo y distinción.
La paseo por parques,
mercados y plazas
por escenarios anfiteatros
simples coloquios
y grandes conferencias
con placer me colma el alma
el discurso y la vida.
Ya no intento disimularla en mi cabello
en mi tez
o en mis distinguidas alocuciones
la aprendí de memoria
desde adentro,
con historia
desde el centro del alma.

Por eso,
ya no preciso de razones para ser
porque me descubrí limpia

brillante y victoriosa
incólume y probada
bendecida
batallada
negra.

Ya no
no preciso razones.
Hoy soy yo
liberada.

PORQUE ME DA LA GANA

Porque me da la gana
porque es la sola razón
de mis palabras
porque ya no es mi boca
la que habla.
Porque yo ya no mando
sobre esta lengua endemoniada.
Y escupo malas palabras
y se me acabó el respeto
que mis abuelas guardaban.
Porque habla el cerebro
a través de estos dos labios
y porque me da la gana.
Y hablo en canciones
y en danzas
y en maldiciones
y hablo en poesía
y en lenguas
y en putrefacciones.
¿Que por qué canto como yo canto?
Porque me da la ira
y me da la gana.
Porque me cansé de callarme la lengua
y la piel
y el alma

y se me cansó la nuca
de tanto llevarla arqueada
de tanto mirar al suelo.
Y se me cansó la espalda
de tanto trabajo duro.
Y se me cansó el sexo
de tanto maldito juicio
de tantos odiosos nombres
de tanto llevarlo puro
a pesar de los malditos
que le llamaron impuro,
y hasta salvaje.
¿Que por qué?
Porque me da la gana
Y porque me ronca la puta
y la reputa gana
y me da la regalada gana.
Porque se me cansó la piel
y los ojos
y el alma.
Y me cansé de recordar
a mi abuela doblegada.
Y me cansé de volver la mirada
y encontrar la misma fotografía esclavizada.
¿Que por qué?
¿Que por qué?
Porque me da la gana...

SEGUNDA PARTE

...de manos abiertas...

CON LAS MANOS LIMPIAS

Tiffany me mira con ojos asustados
y suelta un llanto triste
que no comprendo.
Hace solo unos días
aprendió a dar besos
y me besa
con su boca abierta
y sin hacer ruido.
Lo hace y entonces creo que la vida
se confabuló para armarme el tiempo
como era necesario.
Yo la miro y la siento
y le explico que el tiempo este
en que nos tocó vivir
tiene que ver con soledad
computadoras y guerras.
Ella a la larga no me entiende
pero me mira y la amo
me besa y no hace ruido
y besa a cuantos se lo piden.
Yo le explico que no
que los besos no se entregan así
como quien entrega insultos
en una guerra.

Yo le explico
que los besos son solamente
para quienes tienen la virtud
de recibirlos con las manos limpias.
Ella
es probable que no me entienda
entonces la amo más
y entiendo más mi existencia
y mis manos
y mi piel
indisolubles de este camino
en donde me encuentro
y te encuentro
dándome juguetes
y papeles
y adornos quebrados
y sonrisas
y besos.
Me encuentro
contándote de pronto
que somos negras
y esa es la tarea encomendada
el fin de nuestro camino.
Somos negras
y mientras lo entendamos
tendremos siempre besos para dar
y las manos limpias
para ser besadas.

REZANDO

Estoy segura ahora de que ya no temo
y no temo porque el temor
se vuelve contra una.
Y es que yo ya no soy una
sino que soy tres
una parte para mí
y dos partes para los niños.
Estoy segura ahora
de que ya no siento temor.
Es solo que cuando llueve
se me moja el rostro
y me siento sola.
Sucede que al mirar la ventana y divisar los días
que no han llegado
arropo con fuerza a los niños
y les advierto de allá afuera
de los que no entienden
el idioma de los seres humanos.
Pero de verdad
ya superé el tiempo del temor
superé la prisa
y los días de llanto
superé los golpes de pecho
y el temor al pecado.

Es solo que cuando
se tienen uno o dos o más hijos de este color
y con los ojos abiertos al cielo
una no puede evitar
ser franca con la esperanza
y explicarle
que me tiemblan las manos cuando anochece
una no puede evitar
exigirle a los sueños que no se marchen
y rogarle al padre nuestro
ese al que le rezan los niños
que por favor
nos proteja.

YA NO TEMO

Hay días en que no se es capaz
de escribir palabras dulces
ni palabras buenas.
Hay días en que al levantarme
los tiempos de antes
vuelven a golpearme la alegría
y me levanto con los ojos de antes
húmedos de recuerdos.
Entonces te encuentro ahí
esforzándote sin saberlo
por decirme que afuera
y adentro
y en tus ojos
está la vida despierta
de verdad despierta
te encuentro diciéndome
que me limpie el rostro
y los labios
que te bese el pelo
y sea así
como quieres enseñarme
que mire tus pequeños pies
y entienda
tus incomprensibles palabras
estás ahí

tratando de decir tu nombre
enseñándome a decirte
que esta vida hay que vivirla
y entonces
cuando no era capaz de escribir palabras buenas
lo logro
y entiendo que estás ahí
en mi hoy
mostrándome que la vida
empieza cuando te sonríes
y cuando lloras
y cuando me dices cosas que no comprendo
cuando me muestras
que mi vida empezó
cuando te di la vida.

INAUGURANDO LA FE

Antes le temía a Dios
y al Diablo
temía salir de noche
y de día
temía morir en el sueño
y vivir
yo tenía miedo.
Pero un día llegó Tiffany
y cuando crecía
no quiso dormir sola
porque no le gustaba la oscuridad
y durmió conmigo.
Luego llegó Nakei
y cuando quiso caminar se cayó
y entonces tuvo miedo.
Un día yo tuve una hija
que llenó la esperanza
de ganas de sonreír
que lleno el sol de galletas
y de dulces
más tarde tuve un niño
que llegó cargado
de grandes ojos claros
como los míos
llegó cargado de balones y muñecos.

Yo entonces
no pude temer a Dios
ni al Diablo
salí de noche
y de día
empecé a vivir de frente
como quien inaugura la fe
y tiene que sonreír.

MI SUEÑO

Yo también tengo un sueño
y lo guardo en la caja de juguetes de los niños
y le escribo poemas de animales
y de plantas
y de viajes.
Y un día por la mañana
lo encontré en la cuna
con las manos y el pelo
y los juguetes
y las esperanzas
con la vida llena
de su propio excremento
y entonces lo aseé
y lo puse a nadar de nuevo.
Porque yo también tengo un sueño
y tiene que ver con Martin Luther King
porque también es negro
y está creciendo
tiene que ver con nuestra historia de victorias
con nuestra piel sin cicatrices
con esta negrura que saboreamos a diario
tiene que ver con Dios y sus espinas.
Tiene que ver con niños
porque Tanisha
pregunta a diario sobre África

y los hijos de la inocencia
se preguntan qué significa ser negros.
Mi sueño viene creciendo
y armándose de historia.
Yo también tengo un sueño
y quiero compartirlo
e inventarle nuevos hijos
porque vale la pena
porque decir soñar
suena como a despertarse
suena como a vacaciones con niños
a países sin miedo
porque cuando digo sueño
estoy diciendo mañana
estoy diciendo amanezco
estoy hablando de otro día
mejor que el de la abuela
y mejor que el mío
porque cuando sueño
sueño
y cuando sueño
vivo
y cuando yo vivo
amo
y entonces nuestros niños
aman y sueñan
y amanecen
y cantan

y sueñan
y cuando los niños sueñan
los sueños tienen palabras
palabras que se hacen vida
y entonces son verdad.

ACTO DE REBELDÍA

Solo espero que este amor
no sea tomado como un acto de rebeldía.
Espero que se tome en cuenta
que me rompí la moral
para entenderme yo misma
y quiero que se comprenda
que no es fácil
sostener el dolor
cuando te golpea el rostro
y este amor
no es acto de rebeldía.
Es solo que me rehusé
a las miradas de los otros
he imaginé que tenía derecho
amé.
Que no se tome
como una bofetada al tiempo
o al rostro
que se tome cómo lo que es
un poco de melodías dulces
que se guardaron hasta encontrarse
que no fue necesariamente un acto
de mala fe
o de mal amor
yo solo espero Dios mío

que sepas explicarles
que este amor venía inventado
desde que me echaste al mundo
venía creciendo
desde que inventaste las pasiones
y los días
desde que inventaste
los besos húmedos
y las caricias.
Este amor venía naciendo
desde que nacieron los atardeceres
y las mañanas lluviosas
venía haciéndose grande
desde que inventaste el sol.
No es un acto de rebeldía
ni quería
lo juro
desorbitar estrellas
ni hacer llorar a nadie
solo se hizo grande
cuando menos se esperaba
y se hizo fuerte
y nadie se dio cuenta
y entonces se pobló la tarde
de melancolías
y palabras dulces.
Solo te pido Dios
que des la cara en mi nombre

y les expliques despacio
así
sin herir a nadie
que muy a pesar de todos
yo estoy amando.

TODO EL AMOR

Y qué hago yo ahora
con todo este amor.
Qué hace uno cuando le
devuelven de rebote
los sueños y los poemas
cuando se te van de pronto
sin explicaciones
cuando se había llenado uno
los ojos de futuros
de Áfricas con hijos
cuando se había llenado uno
el cuerpo de besos y caricias.
Qué hace una
cuando le revientan en la cara
un puño de verdades
en las que una
de verdad creía
un puño de verdades
en las que una
había puesto todo
su empeño
su coraje
así
limpio sin mentiras.

Yo quiero que alguien me diga
qué hago yo ahora
con todo este amor
con todas estas noches
y amaneceres inconclusos
con todas estas lágrimas
con toda esta pasión
ardida en mi sexo.
Qué hace uno
si a pesar del amor
y la espera
si a pesar de la verdad misma
te golpean el silencio a traición
y simplemente
como si nada
se marchan.

TERCERA PARTE

I. Sueños en Mujer

Soy libre.
Nómada dentro de mí, el alma corretea.
Mi piel habla en el silencio de mis poros.
Rotas las cadenas, soy vapor etéreo.

JENNY DE LA TORRE CÓRDOBA
Sonata en Exilio

DESDE EL PRINCIPIO

Primero se nace
y se nace mujer
y se tienen manos
y se tiene menos
se tienen ojos y se tienen hijos
se tienen besos
y se tienen sueños.

Dije que se nace y se nace mujer
se tiene sexo de mujer
manos de mujer
palabras de mujer
se nace mujer.

Luego una crece
y sigue siendo mujer
y aprende a vivir
como una mujer
amar
como una mujer
cuidar del mundo entero
como toda una mujer.
Soñar los sueños
con sueños de mujer.

Y mientras una sigue creciendo
se hace cada vez
más mujer
y aprende de libertad
de castillos con reyes
de finales felices
se aprende amar
como una mujer.

Y de pronto una descubre
que las manos las tiene vacías.

Y entonces un día
una no quiere ser más
una mujer
porque serlo
no es siempre tan bueno
ni tan dulce.

Porque serlo
es a veces amargo
y duro
entonces una se subleva
se ve el cuerpo
y las manos
se ve el sexo
se descubre toda
como una mujer.

Entonces niega y reniega
maldice y discute
entonces se subleva y denuncia
y entonces no
no renuncia a ser
solo piensa, decide, habla
y le avisa a todos
que a partir de ahora será
una mujer.

SOÑÉ

Soñé
que tenía los ojos,
y las manos y los senos de un pájaro
que tenía la voz
y la mirada
y las alas del mismo pájaro.
Que tenía las memorias
y los kilómetros y la libertad
de muchos pájaros.

Soñé
que tenía la luz
y la sencillez de un pájaro.
Que vivía en los árboles
y miraba hacia delante
y hacia abajo
y podía divisar el futuro
y los kilómetros y el mar.

Yo soñé
que era un pájaro
y en la mañana cuando desperté
solo era yo
con la misma soledad
y sin las alas
como siempre.

DESDE EL CENTRO DEL ALMA

No nací
me inventé los sueños
y la vulva
me armé los ojos
y el sexo desde adentro
desde el centro del alma.

No nací
me hice de torturas
y amenazas
me construí de a tiros
y sueños insoñables
me hice mujer
a partir de la hija primera
y del segundo parto
del dolor insostenible
y de la estancia fría y sola.

Me hice a partir
de la rebelión exacta
la rebelión constante
la rebelión posible.

Me inventé
aun antes de la preñez

y del amor primero
ese
que como ardiente espada
se introdujo con valiente cobardía
en el centro de mi flecha.

No nací
desaprendí la historia escrita
y me inventé la piel
desde las primeras letras
y rompí la luz
a gritos desenfrenados
rompí el vacío
para llenarlo de mí.

Es que yo no nací
me fui creando
entre los silencios
haciéndome
ser.

Desde el silencio exacto
de la abuela primera
desde el bautizo mismo
de la primera criatura.

Me fui haciendo mujer
de a palitos y señales

me fui dibujando libre
de a caricias
y de aplausos
y de hermanas y de madres
y de padres y de hijos.

Yo no nací
me inventé el sexo
de a sensaciones y besos
de a caricias nocturnas
insomnios
locuras
maldiciones.

Me inicié como quien inventa
el placer por vez primera
me inicié en el arte de la pasión
a solas
con las piernas abiertas
como flechas
apuntando al grito perpetuo
al orgasmo llorado
a la libertad.

Porque yo no nací
y necesité de siglos
y puñales
de siglos y de sangre.

Necesité de abiertos ojos para ser
de Dioses y de mapas
para encontrar el camino
necesite de amantes
y de puentes
de rituales y de santos
de santos y candelas
de limpias
y de hechizos.

Nací sin cuerpo
sin ojos y sin manos
sin alma
sin sexo y sin señales
sin alma.

Nací con una luz en la piel
que me alumbró el camino
hacia el centro
de mi ser.

II. Entre cartas y de abuelas

Abuela como siempre
llega en silencio
ella nunca se ha ido
siempre deja poemas olvidados entre mis cosas...

Carlos Morera Beita
Los escombros del mar

CARTA A MIS ABUELAS

Primera Carta

Primero vino una abuela de hace años
y tomó su asiento en la primera fila.
Después vivieron los días difíciles
y los muchos hijos
y en una de esas
de que si quiero
de que si no,
de que los hijos solo vienen y ya.
En una de esas
vino mi padre
y nació bendito
con la certeza de la esperanza
con el sol en la mano.

Y mi abuela sonrió
como sonreía siempre
con la bendición de cada hijo
con la misma sonrisa
que nos heredó al marcharse
con esa sonrisa
del color de las más fuertes
con la misma sonrisa
de las que no se detienen nunca
a pesar de las montañas a su paso.

Luego siguieron los días difíciles
y mi abuela que busca
y trata de entender
la mejor forma de ser feliz
y un día que parece que es
y muchos días que no es feliz.
Y revisa los recuerdos
y recuenta los hombres a su paso
y vienen más hijos y más sonrisas
y la misma hambre de antes.
Luego murió mi abuela
sin la sonrisa de antes
y sin verme las palabras.

Mi abuela sigue sentada
en la primera fila
y me cuenta cuentos al oído
y me muestra caminos y atardeceres.

Y nunca la vi
pero mis manos
se parecen a sus manos
según cuenta mi padre
y mis sueños
son sus mismos sueños
según mi padre.

Segunda Carta

Yo tuve otra abuela
que nunca vi
pero dicen que tengo
sus mismos ojos
y su mirada.

Mi madre la guarda
sin muchas ceremonias
en algún lugar de su memoria.
No la recuerda madre
o cariñosa
no la recuerda fuerte o protectora.

Pero la guarda sin gran alarde
sin darse cuenta
en su boca y en sus ojos
en sus gestos
lo sé
aunque nunca la vi.

Se también
que debió ser una mujer
de palabras firmes
y paso seguro
una mujer de ideas grandes

y con esa certeza
que solo tienen
las que saben
que no tienen toda la vida por delante.

Seguro que le gustaba bailar
aunque no la dejaban.
Y reía a carcajadas
y sin pedir permiso.
Y fue así
con esa necesidad
de vivir la vida a toda prisa
que una tarde soleada
se enamoró profundamente de mi abuelo.
Eso le costó entonces la ira de su padre
y los gritos de su madre.

Yo nunca la vi
pero seguramente de niña
le gustaba subirse a los árboles
bañarse en los ríos
caminar descalza
en las tardes de lluvia.

Yo nunca la vi
pero seguramente
cantaba en el coro de la iglesia
y era líder de algún grupo de jóvenes.

La imagino sonriendo
en la puerta de su casa,
escapando por las noches
a través de la ventana
regresando de mañana
con los ojos llenos de luz.

De haber tenido más tiempo
se hubiese unido
a un grupo de mujeres.
Hubiera tocado el piano
hubiese cantado en los bares
con un pequeño grupo de Jazz.
Hubiese formado un coro de niños
y hubiera recorrido en mundo
buscando
su parte del amanecer.

De haber tenido más tiempo
hubiese coleccionado estrellas
de diversas formas
y tamaños
hubiera colgado afiches políticos
en las paredes de su casa
no hubiera faltado a las marchas
por las reivindicaciones
de los más pobres
hubiera alzado la voz
en contra de la discriminación.

Hubiera amado profundamente
y con la pasión con que solo aman
las que saben
que no tiene toda la vida por delante
yo lo sé
aunque nunca la vi.

MI ABUELA A MÍ NO ME HABLÓ

Mi abuela a mí no me habló
no me peinó de trenzas
no me cargó en su regazo
para calmar mi llanto
no enseñó a mi madre el oficio de serlo.
No me cantó canciones
ni me llenó el rostro con besos de abuela.
No le alcanzó la vida para preparar guisos de abuela
en ollas ennegrecidas de tanto amor y de tanto uso
guisos con sabor a manos de abuela
arrugadas y llenas de historias.

Mi abuela a mí no me habló
no tomó la mano de mi madre
cuando nací
ni la reprendió con voz de abuela
cuando fue dura conmigo.

Mi abuela no estaba
no pudo llegar
y muy a pesar de sus intentos por mantenerse viva
solo consigo verla
de vez en cuando,
en la tímida sonrisa de mi madre
o en los ojos grandes y brillantes de mi padre.

CUARTA PARTE

Historia Develada...

...Niego esta historia de descubrimientos trastabillantes con la generalización demográfica.

Tengo también otra historia, esas no es impuesta sino compartida.

Tengo otros cuentos en papiamentosas conjugaciones entremezclada en una lingüística latina.

Asociada a una herencia censurada a cualquier libro de historia. Me rebelo contra la uniformidad mental que determina quienes aquí y quienes allá.

La atrofia informativa y educativa de tanta gente sin cultura nacional.

ESLIN MORRIS WRIGHT
Policromías a piel

AL LLEGAR

Al llegar, solo recuerdo haber corrido
por todos los rincones buscándola
...tenía que encontrarla
...debía estar en alguna parte.
Yo solo llegué y empecé a buscarla
y debo confesar
que no era ni por mí
era más bien por los niños
se los había prometido
les había dicho que al llegar
se las entregaría
y solo entonces entenderían
de colores
de sueños y de muertes.
Si no era ni siquiera por mí
era por ellos
después de todo les pertenecía
desde siempre
desde el principio
y solo habían ido conociéndola en porciones
en retazos
en breves bocados de angustia.
Solo recuerdo haber corrido por todos los rincones
...buscándola
como quien desesperadamente

busca reafirmar su existencia
como quien lleva un dolor agudo en el pasado
y se resiste a transmitirlo.
Si no era ni siquiera por mí…
yo quería hallarla por los niños.
Fue entonces cuando
después de varias horas
días
semanas
meses
siglos
la encontramos
estaba escondida
en silencio
sola
pero finalmente habló
…y la historia…
esa maldita que se nos ocultó por tanto tiempo
…habló…
a partir de entonces
ya no somos los mismos
ahora podemos amarnos
sonreír
y vivir
con voces mucho más ciertas
con mucha más certeza.

QUÉ TIENEN QUE DECIR

Hoy estoy dispuesta a escuchar
pero no quiero excusas vacías o verdades a medias
voy a escuchar
pero quiero la verdad
de lo contrario
corremos el riesgo de pecar de nuevo
de mentir de nuevo
de llorar dos veces
de morir inexorablemente
hoy estoy dispuesta a escuchar una explicación sensata
por todos los muertos
las humillaciones
por todas las madres huérfanas de hijos
por todas las hijas huérfanas de amantes
por todas las niñas huérfanas de sueños.
Hoy no quiero escuchar otras verdades
que no sean las verdaderas
no quiero escuchar otras voces
que no sean las más humanas
...estoy dispuesta a escuchar...
el nombre de los hechos por su nombre
el color de mis hijos por su nombre
el sueño de mi abuela
a todas voces
voy a sentarme

despojarme del rencor
del odio
de la vergüenza
del orgullo
voy a escuchar
a ver...
qué tienen ustedes que decir.

DE FRENTE

Estaba escrito.
Estaba escrito que la miraría de frente
y sin pensarlo
le destrozaría la cara.
Era necesario
alguien tenía que hacerlo
alguien tenía que enfrentarla
y hacerla pagar.
Alguien tenía que desbaratar su orgullo
devolviéndole lo que ella
durante siglos hizo.
Alguien tenía que obligarla
a tragarse las palabras.
Alguien tenía que rebatir sus argumentos
con violencia.
Por eso vine
porque ya era tiempo
de que alguien
hiciera a esa maldita historia
pagar.

DESDE SIEMPRE

La tenía
siempre la tuve
había venido siendo contada desde siempre
había sido cantada y coreada
desde mucho tiempo atrás.
La tenía
siempre la tuve
solo que yo y los míos no lo sabíamos
solo que fueron unos cuantos
los que se la apropiaron
y la reescribieron
y la reinventaron
y la rebuscaron
y se la quedaron
pero la tenía
siempre la tuve.
Mis tiempos fueron los primeros tiempos
los tiempos de todos
fuimos los primeros en poblar la tierra.
La tenía
siempre la tuve
pero ellos llegaron y se la quedaron
la reconstruyeron
con sus propias voces
sus propias palabras

sus propios colores
sus mismas miradas
pero era nuestra
fuimos los primeros en poblar la tierra.
La tenía
siempre tuve historia
pero lo ignoraba
y es solo ahora
cuando lo descubro
es precisamente ahora
cuando estoy desnuda
cuando estoy sin nombre
cuando estoy tan sola
cuando estoy sin nada
cuando me la encuentro.

La tenía
siempre la tuve
y crecí sin ella
igual que sin madre
a la intemperie
                    sola...

Pero la tenía
y la muy cobarde
se aparece ahora
sonriendo y radiante
como si los siglos

no valieran nada
como si los muertos
estuvieran muertos
y la gran cobarde se aparece ahora
alzando las voces
y queriendo ser
héroe.

NUESTRA HISTORIA

La nuestra no nos llegó en capítulos
ni de menor a mayor
como suele suceder
no nos llegó desde el principio
desde la cuna
desde los primeros días de escuela
no nos apareció en los libros
o en las sorpresas de los cereales o
esas cosas
se nos portó cruel y egoísta
se nos mantuvo oculta como una ladrona
como quien se resiste a dar luz
y compartir.

Ella nos llegó en lenguajes desconocidos
fragmentada
nos llegó interpretada por los enemigos
en sus rostros y sus verdades
se nos entregó sucia... vacía
hecha pedazos
nos llegó en harapos
descalza
acribillada
la recogimos humillada.

Fue necesario que saliéramos
como valientes guerreras a recuperarla
limpiarle las lágrimas
las manos
vestirla de nuevo
llenarla de orgullo
lavar sus rodillas
y cuando estuvo lista
la sacamos al sol
y nuestra historia entonces luce hermosa
resplandeciente
fuerte
y camina desde entonces
con el pecho erguido
y la frente alta.

ÍNDICE

Las tipografías utilizadas en este libro fueron creadas por Jorge de Buen Unna (MÉXICO, 1959. Diseñador gráfico, licenciado en Ciencias de la Comunicación. Maestro en las carreras de Diseño Gráfico y Ciencias de la Comunicación en la Universidad Anáhuac).

Caliente (para los exteriores), fue diseñada para exhibir un diseño muy compacto y caracterizado, claramente distinguible de las fuentes sans-serif condensadas convencionales. Tiene una modulación conspicua y un contraste de medio a alto. Ambas características rara vez se observan entre las fuentes ordinarias de su tipo. Conserva su fuerte personalidad incluso en tamaños muy pequeños.

Unna (para los interiores), es una letra amable, cuyo carácter se expresa a través de suaves remates así como un intenso contraste, ocasionando la típica textura vertical de las fuentes neoclásicas. *Unna* es el apellido de la madre del diseñador.

* 9 7 8 9 9 3 0 5 8 1 1 5 5 *